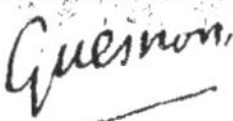

# DISCOURS DE RÉCEPTION

A

## L'ACADÉMIE D'ARRAS

DE

**M. Louis BLONDEL**

*Membre résidant.*

ET

# RÉPONSE AU RÉCIPIENDAIRE

PAR

**M A. GUESNON**

*Membre honoraire.*

ARRAS

Imprimerie Rohard-Courtin. F. Guyot succ[r].

—

M. D. CCC. XCVII

# DISCOURS DE RÉCEPTION

A

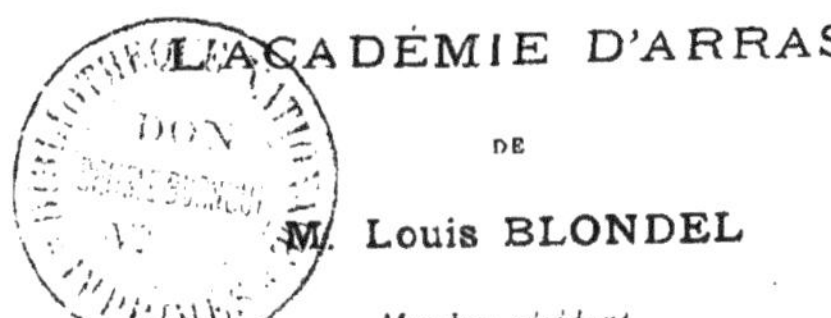

L'ACADÉMIE D'ARRAS

DE

M. Louis BLONDEL

*Membre résidant.*

ET

# RÉPONSE AU RÉCIPIENDAIRE

PAR

M. A. GUESNON

*Membre honoraire.*

ARRAS

Imprimerie ROHARD-COURTIN, F. GUYOT, succ$^{r}$.

M. D. CCC. XCVII.

# DISCOURS DE RÉCEPTION

## A L'ACADÉMIE D'ARRAS

DE

## M. Louis BLONDEL

ÉLU MEMBRE RÉSIDANT EN REMPLACEMENT DE M. A.-J. PARIS

Ancien Sénateur et ancien Ministre.

Séance publique du 29 Juillet 1897.

Messieurs,

Vous m'avez fait un grand honneur en m'élevant jusqu'à vous ; vous avez ainsi ajouté un lien nouveau à ceux qui déjà m'attachaient si étroitement à notre vieille cité ; je vous en suis reconnaissant et je vous en remercie.

Mais je sais que tout honneur oblige. Aussi ai-je été à la fois très surpris et très perplexe le jour où l'on a bien voulu me proposer de devenir des vôtres : « Un académicien ! un savant ! moi, habitué par profession, à m'occuper de choses positives, actuelles, et ne m'étant jamais détourné des réalités du présent que pour jeter sur l'avenir des regards interrogateurs ! Comment pourrais-je prendre une part utile à vos travaux ? Comment apprendre à recueillir avec vous ces mille faits de détail qui sont les matériaux de l'histoire et que vous sauvez de l'oubli en en fixant le souvenir par vos publications ? Dailleurs les absences périodiques que ma santé m'impose en m'envoyant sous d'autres climats, loin de vos séances, me permettraient-elles d'être jamais autre chose qu'un académicien intermittent ? »

On m'a répondu d'abord que l'Académie ne s'occupait pas uniquement d'histoire ; ensuite que ce n'était pas seulement dans ses séances que l'on pouvait travailler pour elle utilement ; qu'il appartenait du reste aux intéressés d'apprécier la valeur de mes objections, et, qu'après les avoir loyalement et consciencieusement formulées, je n'avais plus qu'à me soumettre à leur décision. Je me suis alors laissé conduire docilement à vous. La violence était douce ; et j'étais particulièrement heureux de vous être présenté par votre respectable doyen d'âge, qui est pour moi plus qu'un ami, et par les anciens maîtres qui ont ouvert mon esprit et mon cœur aux lettres, aux sciences, à la *philosophie* ; par ces maîtres pour qui je n'ai cessé d'éprouver une estime, une reconnaissance, une affection toujours croissantes, à mesure que j'ai su mieux apprécier tout ce qu'ils valent et tout ce que je leur dois.

On m'avait d'ailleurs affirmé que les questions sociales, à l'étude desquelles je me suis livré avec ardeur pendant les loisirs de mes derniers hivers, ne vous sont pas étrangères, et que l'examen des problèmes qu'elles soulèvent pourra trouver une toute petite place dans le programme de vos travaux académiques. C'était pour moi déjà l'assurance de ne pas être par la suite un membre absolument inerte de votre honorable Compagnie ; je m'en trouve particulièrement heureux aujourd'hui qu'une tradition plus que séculaire m'impose l'éloge public de mon prédécesseur.

En effet, je pourrai là, tout à la fois donner carrière aux sentiments de sympathie profonde qui m'attachent à sa mémoire et trouver l'occasion d'une entrée en matière pour l'objet même de mon humble collaboration. Toute la carrière de M. Paris, carrière juridique, politique et littéraire n'est-elle pas marquée par une suite ininterrompue de services rendus à la société ? J'aurai donc, par la plus heureuse des rencontres, cette bonne fortune de pouvoir joindre l'exemple au précepte, l'application à la théorie et de montrer dans la vie de l'homme de bien, du grand citoyen que fut M. Paris, une éclatante confirmation des principes sociologiques dont je voudrais d'abord vous entretenir.

## I

Sociologiques! Mesdames et Messieurs, voilà un mot nouveau, d'allure bien prétentieuse. L'ordre d'idées qu'il exprime n'est pourtant pas de découverte récente : dès la formation des sociétés on s'est préoccupé de les organiser ; et, depuis lors, on a toujours plus ou moins activement recherché les conditions qui peuvent les rendre prospères. Sans remonter plus haut, Platon fut incontestablement un grand sociologue ; il n'y a plus rien de vraiment nouveau sous le soleil.

Mais, par contre, on rajeunit souvent de très vieilles choses que l'on avait laissées tomber en désuétude. Les circonstances leur rendent un intérêt imprévu en nous les faisant voir sous un nouvel aspect ; nous apprenons à les mieux connaître ; nous approfondissons, nous raisonnons les idées superficielles et empiriques que nous en avions ; nous les transformons en notions précises et scientifiques ; puis nous étiquetons le tout d'un nom nouveau. Ainsi en est-il de la sociologie.

Depuis longtemps, en effet, on s'était, comme de parti pris, refusé à considérer autrement que par leur petit côté, sous leur seul aspect politique ou économique, une foule de questions d'une portée bien plus grande, d'une nature bien plus élevée, et qui relèvent d'un ordre d'idées dans lequel la politique et l'économie politique n'occupent elles-mêmes qu'un rang secondaire ; je veux dire les questions sociales. On s'en dissimulait l'importance en les reléguant ainsi au second plan. Mais on ne supprime pas les choses en fermant les yeux pour ne pas les voir, et l'on ne modifie pas davantage leur nature en s'obstinant à ne pas reconnaître leur véritable caractère ; les questions sociales ont fini par conquérir le rang qui leur appartient, et, aujourd'hui, elles s'imposent à la préoccupation de tous ceux qui ont souci des difficultés de l'heure présente et de l'avenir de la France.

Il y a des hommes, — et malheureusement ils sont encore légion, — qui se figurent que le bon sens, un cœur généreux ou un mandat électif suffisent pour les résoudre. Mais il en est d'autres, heureusement, qui n'ont pas cette naïve et dangereuse confiance et dont les vues sont moins simplistes ; ils croient que l'organisation et le fonctionnement d'une société sont choses infiniment complexes, soumises à des lois naturelles et inéluctables, et que la connaissance et l'observation de ces lois s'imposent absolument aux législateurs, aux gouvernants et à quiconque a la prétention de s'occuper de la chose publique, sous peine de commettre des fautes très graves et quelquefois irréparables. Ceux-là s'appliquent à dégager et coordonner les principes et les lois qui régissent la marche des sociétés ; ils cherchent à en faire l'objet d'une véritable science, la science sociale ou sociologie.

Les uns s'attachent tout particulièrement à étudier la structure et le développement en quelque sorte matériels des sociétés, leur anatomie, leur physiologie. D'autres font surtout de la psychologie sociale : ils constatent et établissent tout ce dont chaque individu, dans sa formation morale, est redevable envers la société, et tout ce que, à son tour, la société doit elle-même à l'individu. Les autres, enfin, cherchent à démontrer la valeur sociale des coutumes, des lois et des institutions diverses, non plus par des considérations théoriques, mais par la seule observation des conditions matérielles et morales qui se retrouvent dans toutes les sociétés prospères, et qui ne se rencontrent que dans celles-là : ce sont les disciples de Le Play, ce savant au grand cœur dont la gracieuse petite-fille est presque notre concitoyenne. Ils proclament bien haut la nécessité sociale et imprescriptible des préceptes du décalogue, d'une forte constitution de la famille et du respect des traditions.

Tous travaillent à édifier une science complète et à résoudre avec précision les questions suivantes : *quelles sont*, pour les sociétés, les voies les plus sûres et les plus directes pour atteindre leur fin, c'est-à-dire, pour procurer à leurs membres, sinon la certitude, du moins la possibilité et la facilité d'arriver au bonheur ? Et réciproquement, quel est, pour chaque individu, son devoir social, c'est-à-dire, comment faut-il, qu'à son tour, il s'acquitte des fonctions qui lui échoient, pour contribuer le plus utilement possible à ce bien social dont il est coparticipant ?

Ne pouvant entrer dans les détails, je dois me borner à constater l'impression générale que laisse l'étude sommaire, mais éclectique et réfléchie, des principaux ouvrages sur la matière.

C'est le sentiment très vif et très net que notre société française a fait fausse route ; et que nous, les hommes du XIX$^e$ siècle, nous l'avons engagée dans une mauvaise voie.

Eblouis des découvertes incontestablement si nombreuses, si importantes et si belles, que nous avons faites dans les sciences physiques et naturelles et qui ont tant multiplié nos ressources matérielles, nous avons fini par perdre presque complètement de vue ce qui est étranger à ces richesses ; par ne plus considérer les choses que sous leur aspect économique ; par ne plus faire consister, pour ainsi dire, la prospérité et le bonheur des individus ou des sociétés que dans la possession des richesses, qui sont les moyens de se procurer les jouissances qui s'achètent. Nous avons attaché de moins en moins de valeur à tous les sentiments, à tous les mobiles qui ne sont pas d'ordre économique et qui pourtant sont si essentiels à la vitalité, à la prospérité même matérielle des sociétés, si indispensables au bonheur de chacun de leurs membres !

Frappés aussi du rôle important qu'a joué l'individu à notre époque, puisque, seule, l'initiative individuelle a réalisé et pouvait réaliser tous ces grands progrès, nous avons également oublié, d'abord, que la liberté individuelle ne peut être féconde, que l'individu ne peut acquérir et conserver toute sa valeur sociale, qu'il ne peut même être heureux personnellement, qu'autant que celui-ci reste et s'applique à rester effectivement, partie intégrante du corps auquel il appartient, qu'il ait conscience de cette solidarité et en pratique les devoirs. Nous avons oublié, en second lieu, qu'une société ne peut exister que par la cohésion qui rattache tous ses membres les uns aux autres et que cette cohésion elle-même ne peut être obtenue par la seule agglomération directe d'une multitude d'individus isolés ; qu'elle a besoin, au contraire, de s'appuyer sur l'existence et sur la vitalité d'autres groupements organisés ; de la famille d'abord, ce premier élément indispensable, ce fondement, cette image idéale de la société ; puis de ces autres associations naturelles ou conventionnelles qui unissent ceux qui habitent une même localité ou encore ceux que rapprochent des intérêts, des préoccupations, des goûts de même nature.

Sous l'influence de ces deux causes, et peut-être aussi par esprit de réaction, nous ne nous sommes pas bornés à remédier aux abus de ce qu'on appelle l'Ancien régime. L'individu y était compté pour trop peu ; trop souvent sa naissance seule le fixait à telle classe, à telle profession, lui conférait certaines immunités, l'assujettissait à certaines charges ; ç'a été un progrès indiscutable que d'assurer à chacun la liberté d'occuper dans la société la place qu'il saurait y conquérir par son mérite et son activité, de donner à tous des droits égaux. Mais nous ne nous en sommes pas tenus à cela et nous avons dépassé le but : après avoir émancipé l'individu, et sous prétexte d'assurer son affranchissement, nous l'avons condamné à l'isolement. Dans nos esprits et dans nos lois, nous avons fait trop forte, la part de l'individu, et trop faible celle de la société. Et ainsi nous avons nui à l'individu lui-même.

Pour quelques avantages tout apparents et surtout très éventuels que nous lui avons donnés, nous l'avons, par contre, privé de beaucoup d'avantages collectifs certains et permanents qu'il eût retirés d'une organisation sociale moins affaiblie. Et une fois de plus s'est affirmée pour le malheur de notre société, pour notre malheur à tous, la vérité absolue du fameux « *Vœ soli* », malheur à celui qui est isolé, à celui qu'on prive des bienfaits de la solidarité sociale, à celui qui s'en prive lui-même parce qu'il n'en comprend pas la nécessité et la fécondité !

De là le malaise social dont nous souffrons. Le désir du bien-être, l'envie, la convoitise sont, hélas ! des sentiments humains de tous les temps et de tous les lieux ; mais ce qui est particulier à notre époque, c'est leur surexcitation ; c'est l'agitation inquiète qui précipite tous les individus vers la recherche immodérée des jouissances matérielles; c'est le vertige anti-social qui nous pousse à rechercher le bonheur là où il ne se trouve pas, à le poursuivre dans la voie qui est précisément opposée à celle où se rencontreraient à la fois le bien de chacun et le bien de tous.

De là enfin la dangereuse chimère du socialisme, cette parodie de la sociologie qui, mentant à son nom, et sous prétexte de réorganiser la société, tend à détruire les quelques liens grâce auxquels notre société subsiste encore ; cette utopie qui, en établissant l'absolue subordination de l'individu envers l'Etat, ferait de nous tous les forçats d'un véritable bagne égalitaire !

Quand un mal s'est révélé, c'est beaucoup déjà, pour y porter remède, que d'en faire connaître la nature et les causes. Cependant la sociologie ne se borne pas là. Après avoir signalé le grand malentendu social dont nous souffrons, elle tend, d'une part, à devenir l'éducatrice des législateurs et des hommes d'Etat, à leur donner des règles pour conduire les affaires publiques ; elle tend, de l'autre, à éclairer chacun de nous sur l'orientation qu'il doit donner à sa vie pour qu'elle devienne à la fois plus utile et plus heureuse.

Est-ce à dire qu'elle ait découvert le secret d'être un bon citoyen, un homme heureux ? Assurément non ! Bien avant elle, l'individualisme avait été condamné sous le nom d'égoïsme ; cette solidarité, qu'elle déclare si nécessaire et si féconde, le précepte évangélique l'avait imposée sous le nom de charité chrétienne. L'expérience des anciens et la sagesse des nations avaient d'ailleurs condensé en axiomes populaires des conseils et des règles que la sociologie ne pourra que redire sous une autre forme.

Mais nombreux sont à notre époque les hommes chez qui les croyances, et le respect des traditions fort amoindris, ont fait place à l'esprit de critique et de discussion, qui n'admettent plus que les vérités démontrées ; à ceux-là, la sociologie apprendra scientifiquement que le bien social se réalise beaucoup moins en prenant le contre-pied de la tradition ou des religions positives qu'en s'éclairant de leur enseignement. Aux autres, elle fournira de nouvelles raisons à l'appui de leurs convictions. A tous, elle apportera une preuve nouvelle de la sagesse, de la vérité, de la fécondité de certains préceptes à la fois religieux et sociologiques, en montrant qu'ils s'imposent à tout point de vue et quand même, soit qu'on les considère comme venus d'en haut et dictés par une révélation divine, soit qu'on s'élève à eux par des considérations purement humaines.

Tous les actes, toutes les manifestations de l'activité de l'homme : le commerce, l'industrie, la législation, la littérature, les arts, toutes les idées et les croyances, tous les goûts et les désirs auraient à gagner plus ou moins à être successivement considérés au point de vue de leurs rapports avec le bien général de la société, sous leur aspect sociologique. Mais sans exagérer ni même envisager dans toutes ses conséquences l'action utile de la sociologie, on peut tout au moins espérer qu'elle réparera en partie le mal général qui est sorti d'une conception incomplète ou erronée de la nature humaine et d'une préoccupation trop exclusive des intérêts économiques.

Peut-être, quand elle aura éclairé ceux qui, dans notre société, pensent et sentent encore par eux-mêmes, qui fournissent aux autres des idées et des sentiments *tout faits* ou qui leur servent d'exemples ; le jour où elle aura fait comprendre qu'un certain oubli de soi est la condition essentielle du bonheur social et individuel ; peut-être, alors, contribuera-t-elle à provoquer un grand courant de mode, en sens inverse du courant anti-social qui vient de durer presque un siècle, un de ces courants irrésistibles qui entraînent tout le monde, qui enlèvent l'assentiment volontaire des uns, qui contraignent les autres par la pression de l'opinion publique et qui, ici, aurait pour effet d'obliger tout le monde et chacun à s'acquitter de son devoir social.

Illusions ! rêves, que de telles espérances ! Non, Mesdames et Messieurs, je ne le crois pas ; mieux vaut penser que ce sont des aspirations optimistes seulement prématurées : Il n'est pas douteux que dans la lutte pour l'existence que se livrent entre elles les sociétés, comme les individus, seules, survivront les sociétés qui seront rendues suffisamment fortes par la cohésion de tous leurs membres ; or, pouvons-nous admettre la pensée que la nôtre ne doive pas être de celles-là, croire qu'elle soit destinée à se dissoudre ?

Du reste, si l'égoïsme, si un courant d'idées funestes a refoulé au fond des cœurs le sentiment de la solidarité sociale, l'y a atrophié, il est certain qu'il ne l'a pas éteint, même chez ceux qui restent le plus étrangers à ces actes de charité, de philanthropie qui en sont la manifestation ordinaire. N'est-ce pas ce sentiment qui se réveille et qui attire si invinciblement l'un vers l'autre deux concitoyens, deux Français lorsqu'ils se rencontrent loin de leur ville et hors de leur patrie ? N'est-ce pas lui, qui, il y a trois mois à peine, faisait s'élever de presque tous les cœurs français un long cri de compassion pour les généreuses victimes du Bazar de la Charité ? N'était-ce pas lui qui avait poussé ces femmes et ces filles titrées à se faire vendeuses et acheteuses, pour venir en aide aux humbles et aux deshérités ? N'est-ce pas lui encore, qui, au lendemain du désastre, par une sorte de courant inverse, apportait aux familles des généreuses victimes la fraternelle commisération de ces pauvres dont leurs chers morts avaient eu pitié tout d'abord ?

L'union s'est faite dans tous les cœurs en France, pour un instant seulement, hélas ! les passions anti-sociales sont encore trop vivaces pour qu'elles n'aient pas bientôt repris leur revanche. Puisse cette union se refaire encore, large, profonde, durable, sans qu'une conflagration sociale soit nécessaire pour la réaliser !

Elle se fera, j'en ai la confiance, le jour où du haut en bas de l'échelle, chacun comprendra : que, dans un organisme, le jeu de l'ensemble suppose le fonctionnement normal de chaque pièce ; que l'individualisme est la cause du malaise social, et que ce malaise à son tour retombe sur l'individu ; que le bonheur personnel est donc intimement lié à l'accomplissement des devoirs de mutualité, et que, par conséquent, nous avons le plus grand intérêt à remplir dans toute son étendue et dans toute la mesure de nos forces, le rôle assigné à chacun, selon ses aptitudes, son état, sa profession. Ce jour-là, notre société tendra à devenir cette « union d'individus se soumettant librement aux lois d'un ordre réel dont ils poursuivent le plus intelligemment qu'il peuvent la réalisation progressive » (1), proposée pour idéal aux sociétés humaines.

(1) Henri Joly « Sociologie et Sociologue » *Réforme sociale*, nº du 16 janvier 1897.

## II

Ainsi l'avait compris, Messieurs, votre regretté collègue, l'homme éminent dont j'aurai, grâce à vous, l'insigne honneur d'occuper le fauteuil.

Mon intention n'est pas de refaire ici la biographie de M. Paris : sa vie a été trop remplie pour qu'il soit possible d'en enfermer le récit dans les limites qui me sont assignées. Je me bornerai à raviver nos souvenirs encore récents, à retracer les principaux traits qui ont marqué sa belle carrière. Rien ne saurait la mieux caractériser que ces quelques mots si concis, si expressifs, qui, dans la bouche d'un Anglais, sont l'expression du plus grand éloge qu'il puisse faire du mérite d'un homme. M. Paris fut toujours : *the right man, in the right place ;* il fut toujours à la place où il était le plus utile qu'il fût, l'homme le plus utile qu'il pouvait être ; toujours il rendit à la société le plus de services qu'il était possible qu'il lui rendît.

N'était-il pas à sa place au barreau d'Arras, l'avocat honnête homme, incapable de prêter son concours à des revendications injustes ? l'arbitre désintéressé, toujours disposé à la conciliation d'une affaire litigieuse ? l'orateur convaincu à qui sa science juridique, la sincérité de son argumentation, la précision de son langage avaient conquis à la fois la faveur des juges et la confiance du public ?

Et si l'on veut savoir jusqu'à quel point sa droiture, sa correction et l'affabilité de son caractère étaient appréciées de ses collègues, il suffit de se rappeler combien de fois ils lui conférent le bâtonnat de l'Ordre, c'est-à-dire le maintien de la discipline, la garde de leur honneur professionnel.

Une pareille situation dans le barreau présente des avantages que généralement on ne dédaigne pas. Celui qui l'avait conquise avait donc le droit de compter sur les fruits d'un succès aussi légitime, de recueillir une abondante moisson sur le champ fécondé par son intelligence et les efforts d'un travail opiniâtre. Et pourtant, cette situation, ces avantages, M. Paris n'hésita pas à les sacrifier, le jour où sa conscience lui révéla un devoir plus haut à remplir.

Trois ans à peine s'étaient écoulés, depuis cette année glorieuse où l'Europe entière, attirée à Paris par l'Exposition universelle de 1867, avait tant admiré, jalousé peut-être l'édifice si imposant en apparence et si brillant de la force et de la prospérité de la France. Tout à coup, comme un orage, la guerre allemande éclate, renverse, emporte tout. De tant de splendeur, en quelques semaines, il ne reste plus que des décombres. Plus d'armée, plus de finances, plus de gouvernement : car celui de la Défense nationale devait finir avec elle ; car la représentation du pays n'offrait plus les conditions indispensables au relèvement de la patrie ; hommes de l'Empire, hommes du Quatre-septembre n'avaient plus guère de crédit auprès de l'opinion publique ; du moins l'Assemblée qu'ils pouvaient former n'aurait eu ni le calme, ni l'esprit de conciliation qu'exigeait le salut de la France. Il appartenait à des hommes nouveaux de lui apporter ce contingent d'éléments indispensables.

M. Paris comprend qu'il est un de ces hommes ; il sent une vocation qui l'appelle à un rôle social supérieur à celui qu'il a rempli jusqu'alors. Sa décision est aussitôt prise ; il abandonne sans calculer une carrière lucrative et se jette résolument dans les hasards de la politique.

*Il est seul, il est inconnu ; qu'importe ?* Avec cette décision, cette énergie, cette ardeur, ce sentiment exact de la situation, cette confiance qu'il apporte dans tout ce qu'il fait, il fonde un journal, le rédige presque seul, devient un des promoteurs d'une liste de candidats à la représentation nationale, rédige en leur nom et leur fait adopter une profession de foi collective, enlève les suffrages du corps électoral, part pour Bordeaux ; et là, avec ses collègues de tous les partis unis dans un même sentiment patriotique, il se donne tout entier à cette grande œuvre de réparation qui releva la France.

Ses premières blessures une fois pansées, son sol purgé de la souillure étrangère, il fallait à la France une Constitution qui réglât le fonctionnement du pouvoir et sa transmission jusqu'alors dépendants du caprice d'une Assemblée et de la vie d'un homme. M. Paris le comprit ; or, la seule Constitution possible aux yeux de la majorité de ses collègues, car elle offrait seule des chances de durée, n'était pas celle qui, dans d'autres conjonctures, aurait eu ses préférences ; pour l'accepter, il lui fallait faire un sacrifice, et ce sacrifice même l'exposait aux récriminations inévitables de ses amis politiques. Mais l'intérêt public devait l'emporter sur les considérations personnelles, et, lorsque furent proposées ces lois constitutionnelles qui nous régissent encore aujourd'hui, il les vota.

Ce fut au même sentiment qu'il obéit un peu plus tard en acceptant le portefeuille des travaux publics dans un Ministère de dissolution. Là encore, il se montra l'homme du devoir. L'offre qui lui était faite entraînait pour lui de graves responsabilités et menaçait l'avenir de sa fortune politique. Il accepta quand même, parce que cet appel à son dévoûment ne sous-entendait ni abandon de principes, ni compromission de conscience, ni violation de la légalité.

Car, j'en ai pour garant, non seulement l'unité morale et la vie tout entière de notre concitoyen, mais les confidences qu'il m'a faites sur les hommes et les choses de son temps, jamais, jamais il n'entra dans sa pensée, pas plus que dans celle du soldat sans peur et sans reproche qui l'avait appelé au pouvoir, de porter atteinte à la Constitution du pays dont la garde était confiée à leur loyauté.

Tombé du Ministère dans les circonstances que l'on sait, M. Paris, ne pouvant plus exercer une action utile sur la direction politique du pays, se consacra exclusivement à l'étude des questions économiques. Par l'ascendant de son caractère, de sa loyauté, de son entente des besoins du pays et surtout de ceux de notre région, par son talent d'exposition et de discussion, il devint l'un des orateurs d'affaires les plus écoutés du Sénat. Que de services n'a-t-il pas rendus à l'industrie sucrière, à l'agriculture de notre département, à la ville d'Arras, à celle de Saint-Omer, à celle de Boulogne, à tous ceux de ses commettants qui ont fait appel à son assistance dans un but d'intérêt public ou de légitimes revendications privées !

Victime, en 1882, des oscillations capricieuses de l'opinion, il avait perdu son siège au Sénat ; trois ans plus tard, une élection partielle le lui rendit. Il le conserva jusqu'à l'heure où la maladie allait inopinément briser pour toujours sa carrière politique.

Pendant cette disgrâce sénatoriale, l'ancien Ministre ne resta pas inactif. Devenu simple conseiller municipal d'Arras, il s'acquitta avec sa conscience habituelle de ce mandat plus utile que brillant, et l'Administration n'eut pas de collaborateur plus consciencieusement dévoué à la défense des intérêts communaux.

Tel aussi vous l'avez connu à l'Académie, Messieurs : collègue bienveillant, bon, serviable, au caractère loyal, ouvert et franc ; sincère dans la discussion et avec les autres et avec lui-même, ne craignant jamais d'affirmer tout haut, ce qu'il pensait tout bas, conciliant, libéral ; ennemi du formalisme, de l'esprit de coterie ; partisan de la libre discussion, admettant la controverse en toute matière parce qu'elle seule peut éclairer les questions et donner la vie à une société académique ; discutant lui-même avec des faits, des textes, et non avec des phrases, des hypothèses et des assertions gratuites ; travaillant de son mieux à rendre l'Académie unie, vivante, laborieuse et féconde.

Lorsqu'il en devint le Président, « distinction, disait-il, qui le touchait d'autant plus profondément que les circonstances en doublaient le prix à ses yeux » (1), il voulut mener de front ses travaux au Sénat et l'exercice effectif de ses nouvelles fonctions académiques.

Vous l'avez vu à l'œuvre, Messieurs, et vous savez avec quelle expérience professionnelle, quelle loyauté, quelle impartialité, il savait diriger vos débats, en orientant toujours la discussion vers des conclusions précises.

Que dirais-je de ses ouvrages que vous ne sachiez mieux que moi ? De cette *Histoire de Joseph Lebon*, dont l'Académie reçut l'hommage avant même de compter l'auteur parmi ses membres ; de sa remarquable *Histoire de la jeunesse de Robespierre*, de ces notices, de ces lectures diverses, y compris celle qui occupa six de vos séances quelques mois avant sa mort, « cette étude magistrale », au dire de votre Secrétaire général, « sur les preuves de noblesse aux Etats d'Artois » (2).

Dans tous ces travaux, quelle recherche scrupuleuse de la vérité ! Comme ils justifient bien leurs devises : « *Suum cuique* » — « C'est icy un livre de bonne foy » ! Comme ses notes et ses pièces à l'appui trahissent le souci de tenir un compte exact de la valeur relative des preuves, de recueillir attentivement les traditions, sans oublier jamais la maxime : « Lettre passe témoin » !

Et aussi quelle entente de la scène ! « Votre personnage,

(1) Discours d'ouverture, *Mémoires de l'Académie d'Arras*, 1878, tome X, page 339.

(2) *Mémoires de l'Académie d'Arras*, 1896, tome XXVII, page 77.

disait-il un jour ici, votre personnage apparaîtrait avec un relief plus puissant, si le XVe siècle, largement dessiné, faisait fond de tableau, et si un exposé complet des évènements faisait revivre les personnages au milieu desquels il se détacherait au premier plan » (1). C'est ce précepte qu'il a appliqué lui-même, quand il nous a peint dans ses deux grandes œuvres l'Arras du XVIIIe siècle, avec ses neuf juridictions, dont l'enchevêtrement et les attributions suscitaient une telle abondance de procès que cinquante procureurs et soixante-dix-huit avocats pouvaient à peine y suffire.

Quel tableau que celui qu'il nous trace des doléances présentées aux Etats de 1789 ! Celles des corporations, dont certains endroits semblent extraits d'un récent procès-verbal d'une Union de commerçants contemporaine ; ces revendications des simples nobles, ou soi-disant tels, contre les seigneurs à clocher ; ces récriminations des membres inférieurs du clergé contre les hauts dignitaires de l'Eglise ; tous luttant à qui mieux mieux, les uns pour gagner quelque chose, les autres pour garder tout. En présence de ces résistances opiniâtres et de ces appétits fougueux, de ces convoitises surexcitées, on pressent que les Etats-généraux ne pourront suffire à la tâche, et bientôt, en effet, la Révolution entre en scène.

Au premier plan paraît Robespierre, saisissant l'occasion de donner carrière à ses instincts de rivalité jalouse et de fonder en même temps sa fortune politique, soufflant partout la discorde, se faisant l'âme de toutes les intrigues. A côté de lui, Joseph Lebon, dont l'affreuse image nous présente l'évolution d'un prêtre d'abord irréprochable, estimé, plein d'ardeur pour son ministère, emporté tout à coup par le tourbillon des passions, et, dans le désarroi général, transformé en un véritable monstre. Autour d'eux, se meuvent les comparses et les victimes de ce drame san-

(1) *Mémoires de l'Académie d'Arras*, 1878, tome x, page 374.

guinaire qui eut Arras pour théâtre : tableau tracé de main de maître, où le psychologue, le moraliste, l'économiste, le politique trouvent matière aux plus importantes observations, en dehors de l'intérêt général que l'exposé des faits emprunte au talent de notre historien.

Car M. Paris ne s'est pas contenté de faire un exposé purement documentaire, et de fournir, comme il l'a dit d'un autre, « sa pierre à ces architectes de génie qui consacrent à la nation dont ils racontent les gestes un monument durable », (1) il a lui-même construit l'édifice, il a fait œuvre d'architecte, il mérite le titre d'historien dans toute l'acception du mot.

Vous parlerai-je aussi de M. Paris dans son rôle social de père de famille? de la peine, du soin dont il ne voulut se décharger sur personne de diriger lui-même l'éducation de ses enfants? Ses fonctions publiques l'appelaient à Bordeaux, à Versailles, puis à Paris ; mais il croyait que l'atmosphère morale de la province, de la ville natale surtout, était pour sa famille préférable à celle de la Grande Ville. Il n'hésita pas à s'imposer la privation de vivre loin d'elle et la fatigue de venir la retrouver chaque semaine.

Il fut bien payé de sa peine par l'affection, par la satisfaction et par les joies intimes qu'il trouva soit à son propre foyer, soit à ce Saint-Nicolas où il était si fraternellement accueilli, où il aimait tant à venir se délasser de ses fatigues et qui resta jusqu'aux derniers jours le but de ses promenades quotidiennes.

Notre société arrageoise n'eut pas à le regretter non plus : pendant que M. Paris livrait ailleurs le bon combat, sa digne compagne demeurait parmi nous ; elle participait à presque toutes les bonnes œuvres d'Arras ; elle élevait une

(1) Discours de réception. — *Mémoires de l'Académie*, 1866, IIe série, tome Ier, page 37.

famille qui, par ses soins, est devenue digne de tels parents, qui tout entière est restée artésienne soit de fait, soit de cœur, et en qui M. Paris revit, représenté par un fils qui a hérité de ses hautes qualités du cœur et de l'esprit.

## III

Après cette revue trop sommaire, quoique bien longue déjà, Mesdames et Messieurs, de la vie de M. Paris, permettez-moi de jeter un dernier coup-d'œil d'ensemble sur les traits essentiels de cette grande physionomie.

Une conception vive, une rare facilité d'assimilation, des connaissances étendues, de la méthode, de la précision ; ces qualités, M. Paris les possédait à un degré supérieur. Mais l'intelligence n'est dans l'homme qu'un instrument, le savoir n'est qu'un moyen ; c'est au caractère qu'il appartient d'en régler la direction, d'en fixer l'emploi : au point de vue social, le caractère est tout, c'est l'homme même.

Probité, loyauté, désintéressement, conscience et opiniâtreté dans le travail, largeur d'esprit, hauteur de vues, simplicité et modestie, voilà ce qui constitue la personnalité de notre éminent concitoyen ; ce qui présida à la haute honorabilité de sa carrière, ce qui fit le bonheur et la dignité de sa vie tout entière.

J'ai dit le désintéressement ; il ne se laissa séduire ni par la fortune, ni par les honneurs, ni par les satisfactions frivoles de la vanité ; aucun intérêt égoïste ne le guidait ; avocat, ce n'est pas à remporter des succès d'audience qu'il visait, mais à faire prévaloir la justice, ou tout au moins la légalité de sa cause ; orateur parlementaire, il lui importait peu de briller à la tribune, pourvu qu'il amenât l'Assemblée à prendre telle décision, à ratifier telle proposition qu'il jugeait utiles ; historien, il n'eut d'autre souci que la recherche de la vérité pour elle-même, toute la vérité, rien que la vérité.

Car il croyait au vrai, au beau, au bien ; il en aimait les manifestations ; dans cet amour est le secret de son activité féconde : *Ama et fac quod vis*. Aimer et croire, voilà en effet le grand ressort des caractères fortement trempés. L'un crée le désir nécessaire à l'action, l'autre la confiance indispensable au succès : le doute et l'indifférence ne sauraient engendrer que le pessimisme, et, par suite, des non-valeurs sociales.

M. Paris fut un optimiste et un croyant, mieux encore, un croyant catholique. Il avait puisé dans l'éducation de famille et fortifié sous la direction de ses maîtres des convictions profondément et sincèrement religieuses ; il les professait simplement, sans faiblesse comme sans vaine ostentation.

C'est grâce à ces solides croyances, à cette forte discipline morale, à la volonté de fer qui en faisait la règle de toutes ses actions, c'est grâce enfin à ses goûts naturels, à la fois si vifs et si désintéressés, que M. Paris, dans sa carrière, put franchir sans dévier les étapes les plus diverses, et supporter sans fléchir les dernières épreuves de sa vie. Dans son passage au Ministère, il nous avait donné l'exemple d'un homme politique en butte à toutes les attaques des partis, sans que, dans ce débordement de violences, « le moindre soupçon, chose rare, eût jamais effleuré sa délicatesse » (1). Tombé du pouvoir, il vint reprendre, dans sa ville d'Arras, la robe et la vie laborieuse de l'avocat, humble locataire du domaine départemental dans sa petite maison d'autrefois, ni enrichi, ni décoré, optimiste toujours, heureux quand même !

Alors, Messieurs, vous le revîtes parmi vous, toujours simple, toujours modeste — car il avait l'esprit trop élevé pour ne pas chercher au-dessus de lui son point de comparaison personnelle — et vous aviez accueilli son retour avec joie,

(1) Discours de M. de Lannoy, avocat, sur la tombe de M. Paris.

quand un coup de foudre s'abattit soudain sur ce chêne robuste et le fendit en deux.

Et alors il nous fut donné de voir ce que peut l'énergie morale dans un combat à outrance dont la vie est l'enjeu.

Terrassé, mais non vaincu, M. Paris regarda la mort en face, et, puisant son courage dans sa résignation même, il se raidit contre le mal, il lutta, il se redressa, et la force de sa volonté resta triomphante.

Sans doute il portera les cicatrices du coup qu'il a reçu, mais l'intelligence est intacte ; il pourra donc reprendre le cours de ses travaux, et, pendant bien des années encore, il sera l'hôte assidu de vos séances hebdomadaires, il y prendra part à vos discussions, il s'intéressera à vos concours, à votre organisation, à votre recrutement.

Au dehors, les forces qui lui restent, il les consacrera au service d'autrui, tantôt consolant plus affligé que lui, tantôt portant à un ami de quarante ans, cet autre collègue dont l'absence laisse un si grand vide parmi vous, le baume salutaire de son optimisme contagieux, se donnant tout à tous pour être serviable, pour être utile, jusqu'au jour où, frappé de nouveau, cet ouvrier du bien tomba sur le sillon pour ne plus se relever.

Noble existence, Messieurs, bien digne d'être proposée comme exemple à l'imitation de tous ! grande figure artésienne, qui méritait en cette circonstance le tableau d'un maître, au lieu d'une faible esquisse dont je sens toute l'imperfection, et pour laquelle je sollicite votre bienveillante indulgence.

# RÉPONSE

AU

# DISCOURS DU RÉCIPIENDAIRE

PAR

**M. A. GUESNON**

*Membre honoraire.*

Monsieur,

Dans notre plus ancienne confrérie littéraire et artistique celle des Jongleurs et des Bourgeois d'Arras, connue sous le nom de confrérie des Ardents, l'affiliation s'opérait de deux manières, « par contrainte » ou « par dévotion. »

C'est par contrainte, mon cher confrère, que vous êtes entré dans la nôtre, et, juste retour des choses d'ici-bas, c'est par contrainte que l'auteur même de cette violence a dû accepter, lui aussi, en dépit de tous les précédents, l'honneur immérité de vous donner publiquement l'accolade confraternelle.

L'origine de votre candidature expliquera cette rencontre imprémeditée. Elle est née, à votre insu, des dernières préoccupations académiques de votre honorable et regretté prédécesseur ; et, si je suis ici, c'est grâce à certaine coïncidence, aussi heureuse que fortuite, qui m'a permis de réaliser la pensée suprême d'un ami, en triomphant de vos scrupules et de votre résistance.

Cette résistance, vous venez de l'avouer, et vous en donnez de nouveau les raisons : votre éloignement d'abord et votre incompétence.

De votre éloignement je n'ai qu'un mot à dire, c'est que la vieille barrière de la résidence obligatoire, aujourd'hui caduque, ne fut dressée jadis qu'en vue du résultat final, la collaboration. Or, ne vaut-il pas mieux pour elle, je vous en fais juge, s'y intéresser de loin que de s'en désintéresser de près?

L'Académie d'ailleurs, avec tous vos amis, compte bien fêter sous peu votre retour définitif dans nos murs démolis, et dès lors vous posséder sans partage ; cette espérance lui suffit.

Votre incompétence est une raison d'essence plus subtile ; elle mérite donc qu'on l'examine de près. Certes l'excuse a de quoi nous flatter ; permettez-nous cependant de ne l'accepter que sous bénéfice d'inventaire.

Je n'ignore pas qu'en de pareilles solennités, l'usage veut que le discours de réception arbore la modestie, et qu'en revanche la réponse au récipiendaire exalte la transcendance de son mérite, sans pudeur comme sans ménagement.

C'est ce que certaine dame, aussi spirituelle qu'irrévérencieuse, traitait un jour de « cérémonie comique où l'on garde le sérieux » (1).

Vous voyez, Monsieur, combien on risque en s'exposant aux réflexions toujours redoutables d'un auditoire féminin. Permettez-moi donc de rompre, dans notre intérêt commun, avec une pratique aussi dangereuse et de ne parler de vous qu'en toute sincérité.

Enfant d'Arras, issu de sa meilleure bourgeoisie, élève brillant de notre collège communal, initié à nos méthodes universitaires par des maîtres auxquels vous avez le cœur et le bon goût de rendre justice et dont vous honorez l'enseignement, vous avez embrassé la carrière industrielle et vous la poursuivez avec un légitime succès.

(1) Mme de Linange.

Elu membre du tribunal de commerce, la faveur de vos *concitoyens vous éleva à la présidence de notre magistrature* consulaire. Là, comme ailleurs, votre personnalité s'est aussitôt affirmée, tant par votre intelligence des affaires que par la justesse de vos interprétations juridiques et la sûreté de vos décisions.

Sur un autre terrain, que j'aborde avec réserve, car, interdit à nos discussions, il doit l'être plus encore à toute arrière-pensée de recrutement, vous avez prouvé que vous savez tenir une plume pour la défense de vos idées, et que chez vous l'ardeur des convictions n'exclut d'un débat contradictoire ni la loyauté, ni la bonne foi, ni la correction de l'*homme* bien élevé.

Quels titres vous fallait-il donc en outre, Monsieur, pour que l'Académie s'empressât de vous ouvrir ses portes à deux battants ?

Cependant vous vous récriez : « Moi, académicien ! moi, un savant ! »

Vous l'avouerai-je ? ce compliment collectif, si c'en est un, me semble et m'a toujours semblé d'une saveur équivoque ; car j'en ai déjà fait l'expérience, voici à quel propos.

Vous connaissez comme moi, parmi les plus honorables de vos concitoyens, plus d'une de ces natures d'élite qui, à travers les multiples soucis des affaires, n'en ont pas moins conservé le goût des choses de l'esprit, et joignent à l'indépendance du caractère l'amour désintéressé de leur ville et le culte de ses traditions.

Voyant dans ces dernières années les vides éclaircir nos rangs, il m'arriva de faire, à tout hasard, certaines ouvertures. Je *reçus partout* la même *réponse* : « Académicien, moi ! suis-je donc un savant ? »

Vous n'êtes pas un savant ! et nous donc, pour qui nous prenez-vous ?

Car enfin, il est bon de s'entendre. Que voulez-vous dire par un savant? Quelle valeur attachez-vous à cette monnaie courante — et courue — qui, à force de passer en toutes mains, n'a déjà plus ni effigie, ni poids légal, et semble réduite à l'usage conventionnel d'un jeton ?

Si ce nom appartient de droit, dans chaque spécialité de labeur intellectuel, à quiconque s'y étant confiné, par goût ou par profession, parvient à s'élever de quelques degrés au-dessus du vulgaire sur cette échelle de Jacob qu'on appelle la science, voudrait-on me dire à quelle catégorie de savoir professionnel, et pour quels motifs, il doit être interdit d'y prétendre ?

Et alors, où placer la ligne de démarcation ? A quoi reconnaître, dans cette foule immense de gens où chacun sait ce que d'autres ne savent pas, le signe caractéristique et distinctif du savant ?

Serait-ce par hasard le baptême typographique ? Qui ne l'a reçu ? Nous sommes légion « d'abstracteurs de quintessence littéraire et d'élixir de harangues », légion de monographes et de polygraphes, légion d'auteurs suivant la formule d'Horace renversée : *Sapiens bonus sutor* (qui sait coudre est un grand savant) — encore si l'on garantissait le choix des pièces et la solidité de la couture !

Où s'arrêterait, je vous le demande, la limite tracée en vertu d'un pareil criterium ?

Si donc, laissant leur sens aux mots et l'honneur à qui de droit, nous réservons le titre de savant à ceux-là seuls qui, escaladant les sommets, dominent d'assez haut l'horizon scientifique pour en embrasser l'ensemble, y découvrir des perspectives inconnues et en reculer les bornes, oh ! combien rares, combien clair-semés ces géants de la science, les vrais savants, dont les noms flamboyants éclairent chaque étape nouvelle sur la route du progrès humanitaire !

Votre modestie, Monsieur, s'effaroucherait à bon droit d'un pareil voisinage ; mais rassurez-vous, nous ne songeons point à leur faire concurrence. L'Académie d'Arras a des visées moins hautes. Elle sait à quel ridicule on s'expose dès qu'on veut sortir de sa sphère ; son ambition reste conforme à sa naissance ; son caractère et son rôle ressortent de son origine même, si l'on veut bien la rattacher à tous ses antécédents historiques : laissez-moi vous les rappeler.

En esquissant l'évolution particulière d'un de ces groupements de l'association générale dont vous êtes le partisan convaincu, je pourrais dire l'apôtre enthousiaste, peut-être réussirai-je à dissiper certaines préventions qui me paraissent compromettantes pour l'avenir de notre renouvellement.

Lorsque, dans la première moitié du dernier siècle, quelques notabilités d'Arras, après avoir fondé d'abord un cercle de lecture et de conversation, résolurent de se transformer en société littéraire, le but officiel qu'on s'y proposa fut d'étudier « les principes, le génie, le goût et les délicatesses de la langue, et d'approfondir l'histoire. »

L'imitation était flagrante ; mais cette succursale de l'Académie française ne devait pas rester un simple pastiche à la mode du temps. Sans le savoir, et sans le vouloir, la nouvelle société recueillit l'âme de toutes sortes d'anciennes institutions locales plus ou moins analogues, nées de besoins similaires, répondant aux mêmes aspirations, tour à tour disparues pour renaître plus tard sous d'autres formes et sous de nouveaux noms.

Car il en est de l'ordre social et moral comme du monde physique; tout s'y métamorphose, rien ne s'y perd, rien ne s'anéantit. Un grand poète l'a dit, il y a deux mille ans, dans un magnifique langage :

*Sic rerum summa novatur*
*Semper, et inter se mortales mutua vivunt* (1).

(1) Lucr. *De nat.*, II.

Ainsi en est-il de l'Académie, dernière transformation de nos anciennes associations littéraires.

J'ai nommé la première en date, la confrérie des Ardents. Ces jongleurs, ces chanteurs des rues et des cours féodales, des tournois et des armées, qui, s'accompagnant de la viole, comme les rhapsodes de la cithare, comme aujourd'hui de l'*éoud* les conteurs orientaux, rythmaient dans d'interminables mélopées les gestes de Charlemagne et de Roland, ces émules de Taillefer « qui moult bien chantait », de Blondel, qui, en chantant, retrouva Richard, son roi, que furent-ils au début, nos jongleurs, sinon les premiers vulgarisateurs de notre histoire populaire, les initiateurs des foules au sentiment patriotique, les inspirateurs de l'héroïsme guerrier, les dispensateurs des lauriers épiques au lendemain des grandes expéditions du moyen-âge ?

De l'héritage de ses jongleurs, Arras a recueilli deux parts : l'une est allée à nos sociétés musicales, l'autre nous est échue, celle de l'histoire du pays.

L'Académie n'a pas laissé péricliter la sienne : elle poursuit par des voies différentes, mais dans le même esprit vulgarisateur, l'œuvre patriotique de ses devanciers, s'attachant à dégager de plus en plus la vérité de l'histoire locale de ses anciennes traditions romanesques.

A la vogue des chansons de geste, on vit succéder bientôt celle des chansons en l'honneur des dames, la fleur des sentiments chevaleresques. Alors furent institués à Arras, par les confrères du Puy d'amour, ces concours de poésie, véritables jeux floraux, dont l'Académie perpétue encore le souvenir et les rites.

Assis, comme aujourd'hui, sur une haute estrade, entouré de ses douze assesseurs, le « prince du Puy » présidait l'assemblée, au milieu d'une salle tapissée de verdure, de feuillages et de fleurs de mai.

Les concurrents prenaient place sur un banc couvert de drap d'or, où ils chantaient leurs œuvres tour à tour. Un jury de trois membres les appréciait, paroles et musique, et, séance tenante, il décernait la couronne au plus digne.

Le chef-d'œuvre couronné, le chant royal, était alors affiché en grande pompe au-dessous de la bannière armoriée du président, le « prince du Puy ».

Le lauréat de nos concours a toujours droit à pareil honneur ; mais, grâce aux progrès de la publicité, nous faisons mieux qu'autrefois : notre rapport les affiche tous, même ceux qu'on ne couronne pas.

Le Puy d'Arras, contemporain d'Adam de la Halle, eut une existence assez limitée. La faveur passa rapidement aux « compagnons rhétoriciens », dont le programme autrement populaire et varié devait être, pendant des siècles, le principal attrait de nos grandes fêtes communales.

Ballades et « ditties », moralités et jeux scéniques s'y mêlaient aux jongleries les plus bouffonnes ; et, de toutes les villes environnantes, les sociétés rivales venaient, au jour fixé, se disputer les prix offerts par la munificence échevinale.

Dans ce temps-là, nos médailles de prix n'étaient pas connues ; des objets en argent, souvent allégoriques, en tenaient lieu ; quelquefois même, pour certains jeux inférieurs, des dons en nature : une paire d'oisons, une couple de chapons — *ceux-là non allégoriques*.

Dans le plus ancien de ces programmes, nos historiens ont même relevé « un bouc », et l'on n'a pas manqué de nous rappeler à cette occasion, non sans un légitime orgueil, qu'à Athènes comme à Arras, en citant Boileau,

**Du chantre le meilleur un bouc était le prix.**

Chose singulière qu'après un tel rapprochement, personne n'ait encore eu l'idée de faire graver l'emblême au revers de notre médaille annuelle du concours de poésie !

Heureusement, car hélas ! quelque flatteur que le souvenir puisse être, il nous faut y renoncer. On a mal lu : ce n'est pas un « bouc », c'est un « *voire* », un pot en argent et un « verre », que l'échevinage offrait en prix. Et à qui ? A un poète ? Non pas : à celui qui saurait mieux « faire le sage en ivrogne ».

Moins hellénique, mais très artésien, ce « verre », qui n'est pas un « bouc » — tout au plus un « bock » — symbolise et proclame la supériorité de notre fabrication indigène. ×

Quelle autre bière que la bière d'Arras a jamais produit d'aussi merveilleux effets, la sagesse dans l'ébriété ?

Nos historiens affirment que cette association « fut établie par Philippe le Bon, en 1431, sous le nom de Chambre de Rhétorique et subsista toujours depuis. »

S'il en était ainsi, nous aurions là une généalogie de cinq cents ans, authentique et sans lacune, à faire pâlir bien des blasons.

En réalité, rien ne justifie ni cette prétendue fondation, ni cette longévité, ni même, pour Arras, cette dénomination ; seule notre filiation mystique reste clairement indiquée.

Certaines villes flamandes de nos environs eurent en effet des « chambres » littéraires, qu'elles ont conservées longtemps, voire jusqu'à nos jours. Il n'en fut pas de même chez nous ; les « suppôts de madame Rhétorique » d'Arras, ainsi les nommait-on, paraissent pour la dernière fois au concours de Douai, en 1543. Là, sous la conduite du curé de Sainte-Croix, leur « prince » pour cette année, ils remportèrent la plupart des prix ; après ce triomphe on les perd de vue.

Nous n'avons d'ailleurs aucun renseignement sur l'organisation de ces compagnies ; tout porte à croire qu'à l'image

× MM. Blondel sont malteurs brasseurs.

des autres associations du moyen-âge, sans en excepter le corps échevinal, leurs statuts comprenaient, comme articles fondamentaux, le renouvellement administratif, le banquet, les honneurs funèbres.

D'après leur exemple, notre Société littéraire, à peine organisée, s'empressa d'instituer la célébration d'un service au décès de chaque membre. Depuis la Révolution, l'usage du panégyrique a remplacé la cérémonie funèbre, et nous restons fidèles à ce pieux devoir.

Quant au renouvellement annuel, plus ou moins intégral, nous lui avons substitué la réélection, jadis prudemment interdite. Avec lui devait nécessairement disparaître l'acceptation obligatoire du mandat électif, cette autre sauvegarde de la vie et de l'indépendance corporatives.

Le même sort était réservé au repas de frairie, ces agapes confraternelles qui liaient les cœurs et déliaient les langues, la pierre angulaire de l'édifice, la clef de voûte de nos anciennes « guildes », sans quoi tout s'écroule, ne laissant debout qu'un nom vide de sens.

C'est à ce repas annuel que convergeait le formalisme méticuleux de leur réglementation intérieure. La nôtre en procède, symptôme affaibli d'un atavisme maintenant inefficace. Nos prédécesseurs, eux, gens pratiques, avaient une tout autre conception de la réalité des choses. Ils savaient que multiplier les prescriptions, c'était multiplier les infractions ; que plus il y avait d'infractions, plus il y avait d'amendes, et partant, plus il y avait à boire.

Ils réglementaient donc à outrance, pour boire de même, et le conseil échevinal donnait l'exemple : on y buvait les amendes en corps — les amendes disciplinaires, bien entendu, je ne dis pas les amendes judiciaires.

Les instaurateurs de la Société littéraire firent-ils sagement de renoncer aux avantages du banquet de confrérie ? Le doute est permis : on n'abandonne pas impunément un usage dont l'expérience des siècles proclame l'incontestable popularité.

A l'heure donc où quelques-uns de nos réformateurs préconisent le retour aux corporations du moyen-âge, peut-être ferions-nous bien de profiter de la poussée générale pour renouer, nous aussi, nos anciennes traditions gastronomiques : c'est encore sur ce terrain-là qu'on est le plus sûr de réaliser l'union des cœurs.

Si jamais la question se pose à l'Académie, personne, Monsieur, ne sera mieux qualifié que vous pour faire valoir l'importance de cette réforme au point de vue sociologique.

Tout entière à l'éloquence du dix-huitième siècle, c'est à cet aliment nouveau que notre Académie emprunta désormais, comme nous le faisons aujourd'hui, le menu de ses modernes agapes ; la poésie fournissait les entremets. Il est juste de reconnaître, à l'honneur de nos devanciers, que l'abondance n'y fit jamais défaut, et malgré tous nos efforts pour nous maintenir à leur hauteur — j'entends leur longueur — nous ne parvenons pas à soutenir la comparaison.

La preuve en est dans le compte-rendu d'une séance publique tenue quelques années seulement avant la convocation des Etats-généraux.

Le président ouvrit la séance par le discours d'usage. Après le rapport sur le concours de l'année, l'avocat Le Gay, qui, comme on sait, tournait agréablement les vers légers, donna à l'assemblée la primeur de trois poésies dont l'une avait pour titre : *Conseils à une jeune fille.*

Le secrétaire prit à son tour la parole, et lut, par procuration, le discours ou compliment de réception d'une académicienne honoraire récemment élue.

C'était Mlle Guinement de Kéralio, dès alors connue par des traductions importantes d'auteurs anglais et italiens, et plus encore dans la suite par ses travaux divers, lorsqu'elle eut épousé le conventionnel Robert, l'ami de Danton.

M. de Robespierre, toujours galant, s'était chargé de la réponse.

« Il félicita l'Académie sur le choix qu'elle avait fait d'une personne aussi intéressante par les charmes de son esprit et par l'étendue de ses connaissances que par les grâces de son sexe ; il examina à cette occasion s'il étoit avantageux d'admettre les femmes dans les compagnies littéraires, et prouva que l'introduction de cet usage seroit utile aux femmes et opéreroit le bien public. »

On aimerait à connaître les arguments invoqués par le célèbre tribun à l'appui de cette thèse féministe. Leur développement dut prendre, pour sa part, un certain temps, car au moment où Robespierre, généralement prolixe, terminait sa réponse, la séance avait déjà duré quatre heures.

Le programme, cependant, n'était pas épuisé, tant s'en faut: il restait encore à lire neuf discours, deux pièces de vers et un stock de travaux variés. Heureusement pour l'auditoire, on renvoya le tout à une séance publique complémentaire.

Cet exemple nous initie à la vie intense de l'Académie nouvelle pendant cette première période d'un demi-siècle.

Les mémoires affluaient à ses concours, et l'on recherchait le titre qui donnait accès à des réunions hebdomadaires où l'on causait, entre amis, d'histoire et de littérature, où l'on s'exerçait au maniement de la plume et de la parole, où l'on s'instruisait par l'échange des idées, où l'on se façonnait aux habitudes des discussions courtoises.

Aucune barrière n'en limitait le champ : sciences naturelles, physique, météorologie, agriculture, art militaire y trouvaient place à côté des dissertations de philosophie morale et politique ; et si, parmi les académiciens d'alors, on cherche en vain quelque représentant des doctrines de Quesnay et de Turgot, au moins avons-nous la preuve de leurs préoccupations économiques dans les tentatives qu'ils firent pour doter Arras de sa première école d'agriculture.

Ce serait donc se faire de notre Compagnie une idée fausse que de la croire systématiquement parquée dans l'étude des antiquités locales. De même que les sociétés littéraires antérieures ont représenté l'esprit du temps qui les a produites, de même la nôtre, par son perpétuel renouvellement, demeure soumise à la loi d'évolution, et c'est cette loi qui préside à l'ensemble de ses travaux.

Si l'histoire y tient la place incomparablement la plus large, c'est que, par le perfectionnement de ses méthodes, notre siècle a donné une importance capitale à cette enquête du passé, sur laquelle se fonde la préparation de l'avenir ; c'est aussi que l'histoire est, comme passe-temps, l'étude la plus accessible à tous par son étendue, sa diversité, sa facilité, son élasticité : car, si la vérité lui échappe, elle trouve dans l'hypothèse et la fiction de quoi résoudre provisoirement tous les problèmes et satisfaire à toutes les curiosités.

Il n'en est pas ainsi des sciences. Leur précision laisse infiniment moins de jeu à la fantaisie ; les questions qu'elles traitent ne trouvent souvent chez nous qu'un auditoire restreint ou impréparé ; l'exposition de leurs théories devant des profanes exige donc toutes les aptitudes d'un très habile vulgarisateur, c'est-à-dire cette connaissance approfondie du sujet qui simplifie tout parce qu'elle voit tout, jointe à l'art si difficile d'en généraliser l'intérêt, en dissimulant, sans nuire à la démonstration, l'aridité des formules et la sécheresse du langage technologique.

On comprend que de telles conditions aient raréfié dans nos Mémoires les communications scientifiques. Mais ce n'est ni à l'esprit d'exclusivisme, ni au fétichisme du passé qu'il convient d'en attribuer la cause ; elle est tout entière dans notre ignorance des sciences positives, des sciences de l'avenir, ignorance involontaire, due au manque d'un entraînement suivi dans cette direction nouvelle.

Le triple choix que l'Académie vient de faire par ses dernières élections prouve mieux que tout autre argument combien elle en comprend la nécessité et quel est son désir de marcher d'accord avec le progrès.

Soyez donc le bienvenu, Monsieur, à nous initier aux principes de la sociologie. Un de nos collègues, familiarisé avec les questions économiques, vous a déjà préparé les voies, en nous faisant connaître, dans un exposé lumineux, la situation actuelle et les tendances des diverses écoles socialistes.

Les questions qui les divisent sont aussi depuis longtemps l'objet de vos études favorites ; ici personne ne l'ignore, depuis qu'elles ont fait de vous un journaliste d'occasion.

Plus que jamais ces questions passionnent l'opinion publique : dans les conférences, les revues, les journaux et les livres, nous assistons à une véritable bataille des systèmes rivaux qui se disputent, plus ou moins théoriquement, le privilège de rebâtir notre vieille société sur un nouveau modèle.

L'Etat, de son côté, ne reste pas simple spectateur de ce mouvement d'idées suscité par l'ardeur de la lutte : il vient d'adjoindre à son enseignement officiel la création d'une chaire de philosophie sociale.

Les frontières elles-mêmes s'effacent devant les nouvelles doctrines : hier encore la Sorbonne retentissait des nombreuses communications échangées au Congrès sociologique international par les délégués de tous les pays voisins.

L'importance que vous attribuez à la sociologie n'est donc pas contestable.

Mais en est-il de même des résultats pratiques qu'elle vous fait espérer ? Je craindrais de me montrer sur ce point aussi affirmatif que vous paraissez l'être.

Voyez l'économie politique ; après tant d'études approfondies, tant de travaux de premier ordre, combien il s'en faut qu'elle ait achevé d'asseoir sur des bases indiscutables toutes es théories relatives à la formation, à la distribution et à la consommation des richesses !

Et cependant son programme est nettement circonscrit, limité à des phénomènes matériels et tangibles ; il semble donc que la méthode expérimentale dût bientôt lui en révéler les lois : elle les poursuit encore.

Or, ce programme déjà si compréhensif, la sociologie veut l'étendre à l'étude de l'homme considéré dans tous ses rapports imaginables avec le monde extérieur et supérieur ; c'est donc à l'universalité des sciences divines et humaines qu'elle entend demander la clef du mystère.

Quel cerveau serait assez vaste pour embrasser une telle synthèse ? Et si elle ne peut être que l'œuvre des siècles, n'est-il pas à craindre qu'avant que cette œuvre s'achève, la décomposition sociale dont on nous menace n'ait depuis longtemps accompli la sienne ?

Heureusement pour nous, Monsieur, l'école à laquelle vous vous rattachez nous laisse envisager des perspectives moins lugubres, en nous offrant un moyen de guérison.

Pour enrayer le mal, il suffit, d'après elle, de donner à la société une autre orientation. On y parviendra en combattant l'individualisme, en fortifiant la famille et en fondant sur l'esprit d'association tout un ensemble d'organes solidement constitués, de façon à maintenir l'équilibre entre l'individu et l'Etat.

Loin de moi, Monsieur, la prétention de vouloir juger la portée d'un système dont l'application dépend avant tout de limites à poser dans des conditions essentiellement variables.

Je n'hésite pas cependant à vous déclarer toutes mes sympathies pour l'individualisme, c'est-à-dire pour l'indépendance la plus large possible de l'individu vis-à-vis de la communauté, dans la limite des lois indispensables et des obligations sociales afférentes au domaine de la conscience.

L'association elle-même, grande ou petite, que vaut-elle sans l'individualisme ? Est-elle autre chose qu'un troupeau suivant inconsciemment le charlatanisme qui la trompe et l'ambition qui l'exploite ?

L'individualisme a d'ailleurs un autre nom : il s'appelle

la liberté. On sait quelles batailles la société moderne a livrées pour l'obtenir ; elle en connaît le prix, et l'on peut être certain qu'elle saura lutter, s'il le faut, pour défendre sa conquête.

Ai-je besoin de dire que l'individualisme ainsi compris n'a rien à voir avec l'égoïsme, ni personnel, ni collectif ; que l'autonomie de la volonté se prête, au contraire, à tous les dévouements, à tous les concours utiles, à tous les sacrifices, et que c'est elle seule qui en fait le mérite en leur imprimant un caractère moral de spontanéité ?

Et s'il fallait un exemple pour mettre cette vérité dans toute sa lumière, ne venez-vous pas, Monsieur, de le produire vous-même en évoquant à nos yeux émerveillés le vivant portrait de celui qui fut notre collègue, cette grande figure artésienne dont vous avez noblement apprécié l'énergie, l'indépendance et le désintéressement ?

Voilà le véritable individualisme.

Je vous félicite, Monsieur, d'avoir si bien compris la haute valeur de l'homme que vous remplacez parmi nous, et je me félicite à mon tour d'avoir contribué pour quelque chose à lui donner un successeur sympathique à sa mémoire et digne à tous égards d'occuper son fauteuil à l'Académie.

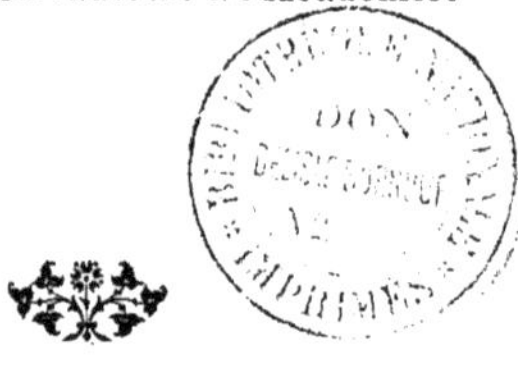

www.ingramcontent.com/pod-product-compliance
Ingram Content Group UK Ltd.
Pitfield, Milton Keynes, MK11 3LW, UK
UKHW020948220726
13924UKWH00002B/572